AF417697

# Rey D' Linares

# Ojos españoles

Editorial **Giraluna**

© **Editorial Giraluna, 2015**
Primera edición, 2015 (Libro Digital)
Derechos reservados.

**Edición al cuidado de:** Rey D' Linares
reydlinares@gmail.com

**Diseño de portada:** Carolina Linares
Artesgraficas20042009@gmail.com

**Impreso en Venezuela por:**
Editorial Giraluna R.L.
J-29614384-6
editorialgiraluna2008@gmail.com
Teléfono: (+58) 0212-524.25.33

**Depósito legal:** lf25220148002184
**ISBN**: 978-980-12-7698-2

A Carolina,
A ti, por ser una bendición en mi vida.

I

Quiero descifrar
el misterio de tus ojos españoles
el de tu piel indígena
el de tu independencia
y el de tu salvaje sexualidad.

II

En la próxima vida
cargaré mi corazón guardado
no lo estrenare con amores
para que tú lo inicies.

III

Cuando danza tu vientre
la brisa se detiene
el sol baja su llama
al mundo le falta el aliento.

IV

Tienes impregnada en tu piel
millones de palabras
que se desprenden cuando te hago el amor
y conforman un poema.

V

Cuando estas a mi lado
cierro los ojos
tomo tu mano
no necesito ver
sé que me conduces a la felicidad.

VI

Has acabado con las tempestades
que acostumbraban azotar
mi interior.

VII

Mi vida andaba perdida
en una oscura conformidad
cuando a lo lejos vi una luz
se encontró con tu mirada
y descubrió un nuevo mundo.

VIII

¿Por qué crees que busco tibieza
en la orilla de un río distante
cuando he vivido junto a ti
en un volcán de perenne
lava ardiente?

IX

Siempre es primavera en ti
tus ojos brillan cual astro
tu boca es fruto jugoso
tu piel es pradera silvestre
tu vientre es tierra fértil
para la buena siembra.

X

Si fueras un árbol
sería nutriente que te recorriera
de raíz a cogollo
con tu voz y calor
me transformaría en clorofila
y te preñaría para que te llenaras
de hermosos frutos.

XI

Es magnífica la unción
que me aplicas en la espalda
cada vez que me abrazas
mágicos los conjuros que me susurras
relajante la terapia de besos
y rejuvenecedores los masajes
que me das cada noche.

XII

El día que apareciste en mi vida
en mis ojos terminaba una tempestad
y en los tuyos había un sol brillante
el futuro vino a decirme al oído
que el destino nos junto para siempre
hizo brotar en tu rostro la inocencia
curo repentinamente todas mis heridas
y me vistió para un último intento.

XIII

Llegaste a mí
cuando estaba moribundo
desahuciado por la ciencia
sostenido en dos dedos ante el abismo
acostado en la línea del tren
con la soga al cuello
con el cañón en la sien.
llegaste para enseñarme
que aunque este mundo es cruel
inhumano y hasta absurdo
el amor sigue siendo inocente.

XIV

Sentí que siempre te había amado
me exaltaba al acercarme sin tu saberlo
una vez pronunciaste mi nombre
y el universo me rebelo que serias mía.
hoy por primera vez
en esta tibia penumbra
con dos sortijas entrelazadas
encuentro tu cuerpo desnudo
y sin creerlo aún
te hago mía.

XV

El destino sabio
te puso a caminar a mi lado
sin que yo supiera
que ibas a mi encuentro
tu cuerpo rozo el mío
y me impregne de ti
creció tu semilla en mi pecho
hasta que las raíces
entraron a mi corazón.
Entonces me llene de flores
que se veían
cada vez que abría la boca
las ramas me brotaron
por todos lados
y tu fruto cultive.
El peso me lanzo a tierra
y en ella se hundió mi corazón
plagado de tus raíces
y me elevo cual cogollo
al mismísimo cielo.

XVI

Tu abrazo me monta sobre una nube
me libra de mis preocupaciones
y me envuelve en un aura rosa
me lleva a una condición
donde nada más existe.

XVII

Tomaste mi cuerpo
y como si fueras experta en origami
hiciste un ave con él
y lo echaste a volar.

XVIII

Mis labios le han ganado a los tuyos
pero en esta guerra
no quiero dejar prisioneros.

XIX

Siempre me resulta
detener la ráfaga de tus palabras
cargadas de preocupaciones...
con un beso.

XX

Por un momento
tras grandes esfuerzos
logro encarcelar mi deseo por ti
las situaciones así lo exigen
pero basta una mirada tuya
para liberarlo.

XXI

Te he regalado
todas las palabras inventadas
ninguna sirve para revelarte
lo profundo que es lo que siento por ti
es por ello que el destino prefiere
que te hable con miradas.

XXII

Devoro tu cuerpo
hembra mía
como nunca lo soñé
extremidad a extremidad
tajo a tajo
gajo a gajo
y degusto tu jugo
tras cada bocado
para confirmar
lo dulce de tu fruto
que me tiene convertido
definitivamente
en un animal
hembrívoro.

XXIII

Eres la barajita última de mi álbum de cromos
de sueños imposibles
el numero que le faltaba al cartón
del bingo de mi destino
la pieza que completa
el rompecabezas de mi vida
eres el triple ganador
de la lotería del amor.

XXIV

He aprendido
a descifrar el laberinto
de tu mirada pensativa
el acertijo de tu seño
el movimiento
de la comisura de tu boca
el de tu lengua
y tu tragar saliva
percibiendo
el aceleramiento de tu respiración
tu sudoración repentina
cuando se eriza tu piel
te conozco bien
porque eres mía.

XXV

Brillas como astro en sequia
y tu luz calma mis penas
alienta mis sueños
y sacia mis más profundos deseos
de tenerte cerca
adorarte y poseerte
hasta el alma.

XXVI

He crecido a tu lado
como si proviniera de tu vientre
como si la sangre que me circula
fuera tuya
como si el alma que tengo
hubiera sido escogida
para alcanzar otro nivel…
a tu lado.

XXVII

He aprendido a creer
en el destino
el mismo que te trajo a mi
misteriosamente
para sentirte
un regalo divino.

XXVIII

Te esfuerzas en la oscuridad
siento tu respiración forzada
me atrapas
muerdes
y clavas tus garras en mí
es lo que esperaba…
ahora te tomo y te domino
dejaras de ser depredador
para convertirte en presa.

XXIX

Viajo del trópico de cáncer
a la galaxia de tus sábanas
me veo acariciando las cimas
el llano y el abismo
tu intimidad sublime
me interno en el mundo de tu sexo
por nada perdería el rumbo
cierro los ojos y me dejo llevar
por el torrente del río caudaloso
que ha de llevarme al volcán
donde pereceré sin remedio
pero antes…
dejare que llegas al final.

XXX

La intimidad
y solo dos cuerpos
dos almas
que anhelan ser una
la furia de la pasión
la ropa que estorba
se acelera el deseo
se inflama la cercanía
surge el contacto
la euforia se incendia
la penetración se concreta
dos piezas encajan perfectamente
un potro salvaje
corre desbocado
por la inmensa sabana
para brincar al espacio
y explotar como supernova.

XXXI

Sembré en el vientre más bendito
una semilla con un amor puro
la tierra la recibió con alabanza
el viento la acaricio con esmero
el sol le dio calor y vida.

Nacerá en verano
no conocerá el invierno
se fortalecerá en el otoño
siempre vivirá en primavera.

Y yo siempre viviré en ella
porque siendo tan solo una florecilla
me dará la sombra que da un roble.

XXXII

Me escogió entre millones
me dio la llave que abría
el cofre de su pureza
y puso su corazón en mis manos
para que sintiera que latía
como una golondrina
en apresurado vuelo.

XXXIII

Eres la historia que cuenta
la novela de mi vida.

XXXIV

Has sido el oasis
en el desierto de mi vida
has sido lo cierto
que acabo con lo incierto
inyectando la fe suficiente
para descubrir que todo es posible.

A tu lado todo es claro
tangible y preciso
estas tan llena de luz
que a tu lado todo es visible
hasta lo que otros
nunca llegaran a ver.

XXXV

Quisiera que todos
al encontrar su amor verdadero
tuvieran el privilegio que tuve
al conocerte
convirtiéndome en vidente
y ver que serias
que harías
en que te convertirías
y es fácil así
dejar que obres en mi
como si fuera un milagro.

XXXVI

Me has liberado de mis angustias
de los fracasos que me marcaron
tirando lejos toda tristeza
y me he entregado a ti nuevo
como quien emprende un viaje
a tierras lejanas
en busca de un nuevo destino
llevando solo lo indispensable
colmado de emoción
y esperanzas.

XXXVII

Cuando te me acercas
todo me es revelado
no existe oscuridad en el mundo
se esfuma la tristeza
y todo presagio de tormenta
se disipa
cuando te me acercas
prevalece la justicia
me lleno de gozo
no siento hambre ni sueño
cuando te me acercas
vivo.

XXXVIII

Llueve cuando te hago mía
y no te guardas nada.

XXXIX

Vivo con la sensación
de tu abrazo
de tu carias
de tu fragancia
de tu calidez
vivo.

XL

Tu andar por la casa
en un constante juego
tropezamos en los angostos pasillos
y surge un ligero susurro
un breve abrazo
alguna picara caricia
algunas palabras
besos
un juramento.

XLI

En un mundo tan lleno de falsedades
donde la frivolidad es una religión
donde la vida ha perdido su valor
me sumerjo en tu pecho
y me voy a vivir
donde descansa tu alma.

XLII

Eres la historia
que conforma
la novela de mi vida.

XLIII

Déjame ajustar mi corazón al tuyo
como a un reloj suizo.

LXIV

Todas las cosas están llenas de ti
hasta la misma ausencia.

XLV

La alegría lo envuelve todo
cuando están contenta
y se visten de fiesta
las paredes y el techo
las aceras y el bosque
y hasta el cuelo.

XLVI

Hice una hoguera
con mi pasado
deje que ardiera cada pena
cada rencor guardado
cada sueño no alcanzado
cada frustración
cada fracaso
y me presenté ante ti
con el corazón puro
dispuesto a llenar mi vida
de las cosas tan bellas
como tu mirada.

XLVII

La primera vez
que clavaste tu mirada
en mi humanidad
la nieve de los polos
comenzó a derretirse
todos los volcanes inactivos
desde lo más profundo
se activaron
y los ríos de mi tristeza
se sumergieron en la sequia.

XLVIII

Así como eres tornado
que lanzas por los aires
cuenta cosa encuentras a tu paso
y algunas veces puedes ser
un terremoto
que haces tambalear
lo que parece solido
o maremoto
que todo lo inunda
también puedes ser
solo una tenue llovizna
casi imperceptible
que juega sutilmente
con el polvo del camino
ello es lo que me gusta de ti
lo impredecible.

XLIX

Tienes el poder de aparecer
apenas te pienso
de acariciarme
apenas te veo
de ser mía
apenas te desee.

L

Quiero viajar por el hilo
que nos unió para siempre
quiero volar con las alas
de este sentimiento
ese que floreció sin darnos cuenta
y llegar al momento
de nuestro primer beso
para volver a verme reflejado en tus ojos
llenos de esa inocente emoción
en aquella tarde.

LI

Veo como te acercas despacio
bajo la mirada y disimulo no mirarte
siento tu mirada que me quema
te detienes y me observas
puedo sentirlo
tu boca produce un sonido
que me excita
y como felina
que se lanza sobre su presa
me abrazas
me besas.

LII

Eres el barco
con el que he recorrido
los siete mares
he enfrentado terribles tormentas
y un sinfín de tempestades
pero siempre
me llevas a feliz puerto.

LIII

Me interno como un ciego
en el laberinto de tu cuerpo
millones de veces explorado
plenamente conocido
pero como siempre
he entrado para no salir…
hasta recorrerlo todo.

LIV

Eres mi mañana radiante
Mi mar sereno
Mi nado relajante
Mi agradable caminata
Mi tarde fresca
Mi lectura favorita
Mi anochecer estrellado
Mi luna llena
Mi madrugada soñada...
Cuando estas a mi lado.

LV

Hemos explorado
sensaciones en la intimidad
que solo nuestras almas conocen
que solo nuestros cuerpos
convertidos en uno
luego de derrumbar todos los muros
y entregarse completamente…
han llegado a descubrir.

I / 7
II / 8
III / 9
IV / 10
V / 11
VI / 12
VII / 13
VIII / 14
IX / 15
X / 16
XI / 17
XII / 18
XIII / 19
XIV / 20
XV / 21
XVI / 22
XVII / 23
XVIII / 24
XIX / 25
XX / 26
XXI / 27
XXII / 28
XXIII / 29
XXIV / 30

www.ingramcontent.com/pod-product-compliance
Lightning Source LLC
Chambersburg PA
CBHW071244130726

47998CB00003B/1048